JN411078

김한경 시인의

행복만들기-둘

차 례

행복한 사람

오늘 이 아침을
맞이할 수 있게 해 주신
고마움.

그 고마움이
저에겐 제일 큰 행복입니다.

봄 비

빗소리도 낭랑 한데
바람 마져 살랑이니

비
그치고 나면
더욱 짙어진
푸 르 름 에
삶이 환해진 봄날

말끔히 몸을 씻은
잎새들의
청정한 몸매를
보게 되겠다.

꽃망울 터트리는
아픔도 보겠어.

짧은 만남 긴 이별

아침에 만난 얼굴
저녁이면 지워지고
어제 우리 약속들
오늘 서로 잊고 살지

잦은 만남
익숙해진 이별에
무디어진 가슴으로
무덤덤히 사는 세상

보고 싶은 사람
평생 아니 보고도
살 수 있는 세상에서

그대야 짧은
아쉬움으로 가지만
내게는
긴- 기다림으로 남아.

소나무 꽃

깡마른 세상
포근히 감싸주려
사 – 뿐 사 – 픈 내리는
하얀 눈송이들

밟히면
깨어질라
손 타면
사라질라

머리 위로만
소복이
받아 이고 선
소나무 숲들이

한겨울 계곡
봄 꽃 만큼 아름답다.

탄(炭)의 영혼

당신만
따듯할 수 있다면야

내 온 몸을
모두 불사르리.

후회 없는 사랑

사랑만 하기도
짧지 짧은 세월

당신
열심히 열 심히
사랑하세요.

단 한번 뿐인
자신의 생을
아무조건 없이
당신에게
몽땅 맡겨버린
그 사람
생애 전부를

후회 없이
사랑하고
사랑하세요.

평생 사랑도
이승이 끝나면
순간이니까요.

좋은 당신

자신에겐
엄격하고
남들에겐
인자하신

처음과 끝이
변함없고
겉과 속이
한결같은

곁에 있기만 해도
하늘같은
평화로움…

그래 임자는
참 좋은 당신.

눈사람

오랜만의 만남이
저리도 반가워
몇 날을 쉬지 않고
쏟아지는 함박눈

저 눈 속에
살며시 들어앉자
아직 벗지 못한
허물들을
깨끗이 씻고서는
겉과 속이 한결같은
눈사람이고 싶다

그런 순백(純白)의
영혼이고 싶다
그런 영혼의
시인이고 싶다.

깨달음의 지혜

자신을 뒤돌아보며
잘못을 뉘우친다는 것은
깨달음의 지혜를 얻게 되는 것이다.

벚꽃

어제는
마른가지 가지마다
아가 젖니 같은
해맑은 꽃망울
몽글 몽글 영글더니

오늘은
흐드러지게 피워 물어
눈앞이 아찔하니
멀미하게 해

내일은
제 자리에
열매 달아 놓고는
흰 삼베옷으로
땅 위에 눕겠구려.

행복 만들기

위만 쳐다보고 살면
자학(自虐)하는
삶을 살고

눈높이로
살다 보면
자제(自制)하는
삶을 살지

아래를 보고 살면
자위(自慰)하는
삶을 살고

비우면서
살다보면
자애(自愛)하는
삶을 살아.

친구 생각

질겨터진
늦추위로
죽었지 싶던
마른 가지
가지마다

잎새 달고
꽃망울 틔운
화사한 봄날은
다시 찾아 왔건만

먼저 떠난
친구들은
소식이
감감이야.

관계

사랑은
고통을 견디게 하고
고통은
사랑을 성숙케 한다.

엄마 달

햇살도 화사한
봄날 오후
복숭나무 아래
벌렁 누워
흐드러진
꽃 잎 사이로
하늘을 본다.

해는 중천인데
서둘러 나온
살 빛 낮달
구름숲을
헤쳐 가며
누군가를 찾고 있어…

내가 엄마를
보고 싶어 하는 만큼
엄마도 내가 보고 싶겠지.

내 하루

고희를 슬쩍 넘겨
덤으로 사는 세상에서
하루가
즐거운 것은
내 임자를
사랑하고 있음이고

또 하루가
행복한 것은
임자 사랑 속에서
내 살고 있음이야

한 가지 바람이 있다면
우리
고통 없이 세상 떠나
저승에서 만나는 일.

엄마의 물 배

밥상머리에는
팔남매가
둘러앉고
상추 쑥갓은
큰 소쿠리에
가득인데
보리밥은
서 너 공기
엄마는 이웃집서
잡수셨다 하신다.

그리고 밤이면
머리맡에 냉수를
주전자채로
놓으시고
밤 새
물을 드신다.
뭔 짠 음식을
잡수셨기에
어린 마음에도
궁금했었지

헌데
어머님이
떠나신지
이십 년이
지난 지금
이웃집 짠 음식은
고사하고
밤새
허기져오는 배를
그 물로
달래셨다는 것을
유독 볼록하신
아랫배가
물배였다는 것을…

평생 식탐으로
동산만 한
내 배를
볼 때마다
허기진 엄마의
물배가 떠올라
눈시울이
뜨거운데
사진 속 엄마는
웃고만 계신다.
동산만 한
내 배가
엄마에겐
기쁨인가 보다.

그 때 처 럼

생각만 해도
그냥 좋아

작은 가슴
마냥 설레게 했던…

우리 처음
그 때 처 럼.

사랑해야지

당신은
사랑 받기 위해
세상에 태여났고

나는
사랑하기 위해
당신 곁에 왔습니다.

받는 사랑 기쁨도
큰 기쁨이지만

주는 사랑 즐거움은
더 큰 즐거움

오늘도
어제처럼
열심히
열심히
사랑해야지.

너에게

나는
너 보고픈 마음
하늘 땅 땅 만큼인데

너는
나 보고픈 마음
얼마큼 인줄 모르니

하늘엔 별이 뜨고
밤 낮 없이 새는 날지.

당신에게

내 작은 기쁨에도
오래 오래
행복해 한 사람

내 작은 슬픔에도
오래 오래
아파한 사람

철부지 적 손가락 건
약속 하나로
지금의 나를
지켜준 사람

이젠 제 몫이지요
당신의 작은 기쁨이
내겐 잔잔한
행복인 것에
당신의
환한 미소를 위해
내 살아 있음이니…

회한

탄(炭) 검댕이가
가슴에 쌓여가는 것은
어쩌지 못하고
그저 얼굴만이라도
씻고 살아야 했으니…

인연

전생
무슨 인연이기
이승에서
할비와 손자로 만나

늦사랑에 폭 빠져
세월 가는 줄 모르다

때가 되여
헤어지게 되면

우리
어느 하늘아래
그 무엇으로
다시 만날 수 있을까

네 창가엔
구만리 하늘이 솟고
내 창가엔
지금
황혼이 깃드는데.

저승이야

울고 웃던 칠십 해가
눈 감으니 일장춘몽

배냇머리 백발세월
돌아보니 어제 오늘

평생을 걷고 뛰고
누워보니 제 자리

구만리 하늘가에
있겠지 싶었는데
삼베 옷 걸쳐 입고
삼일 만에 나서보니
애-구-야
방문 밖이 저승이야.

겨울 풍경

색동옷의 가을 숲이
단풍 털고 알몸 되니
속살이 휭- 하니
등짝이 시리겠다.

나이테 하나만도
저리 힘든
견딤인 걸
일흔 개로
섯 는 내는
누구의 은덕일까

나도 야 고희지절(古稀之節)
단풍지는 일몰이니
숲으로 돌아가
거름이나 돼야겠소.

당신은

곁에 있으면
가슴이 따스하고

손을 잡으면
온 몸이 따듯하다.
당신은
나의 체온이야.

그 때를 추억하지

모자라고
부족해
더 갖고 싶을 때면

우리
그 때를 추억하지

“쌀 있지
연탄 있지
김장했지
뭣이 걱정이야!”

모자라고
부족해
더 갖고
싶을 때면

우리
그 때를 추억하지.

괜한 탓

음지라 춥다고
괜한 탓 하지 마
여름엔 시원하잖아.

괜한 걱정

걱정한다고
돼지도 않을 일
괜한 걱정으로
마음 쓰지 마

사십 육 억년 세월을
지구는 지금도 돌고 있어.

함박눈

뒤도 한번 아니 보고
가버린 사람인데
까닭 없는 기다림이
이상도 해

흔들리는 깃발로
사계절 창가에서
펄럭여 보지만
눈길 한번
주지 않는
야속함으로
겨울바람
뒤를 따라
언덕에 서니

기다림이
야속함이
제 무게
견디지 못하고
함박눈으로
펑– 펑–
쏟아져 내립니다.

나에게 물어

어제 떠난 이들이
간절히 염원했을 오늘

제게 이 아침을
맞게 해 주신
부모님 은덕에
내가
내게
조용히 묻는다.

햇살도
어제만 하고
바람도
어제만 하니

당신
오늘도
넉넉하시지.

행복 찾기

행복이란
우리 모두의 가슴에
간직해 주신 것

마음 한번
돌려 먹으면
그만인 것을…

내 탓

남 탓 말고
내 탓하며 살아
돌 뿌리에 걸려
넘어져도
못 본 내가
잘못이지 하면서…
그게 마음 편해
일생이 편해.

따듯할 거야

백발이 성성토록
근심 걱정
떠날 날이 없다고 해
너무 속상해 하지 마시게

사는 날 보다
떠날 날이 가까워진
세월 살며
우리 알게 된 것 하나 있지

한 걱정 넘기면
또한 걱정
생기는 거
걱정도 다독이며
친구처럼 지내는 거

걱정하는 가운데서
즐거움도 생기는 거
걱정 속에 평생 살다
편함으로 떠나는 거

어제는 덥드니
오늘은 춥지
내일은 따듯할 거야.

나그네

곱상한 주모(酒母)는
쉬라 옷깃 잡는데
*동도(同道) 나그네는
자꾸 가자 보채는 구려

해는 지고 달은 중천인데
넘어야 할 산마루는 하늘에 닿았구려
후드득 후드득
빗방울이라도 뿌려주면
핑계 삼아 주모와
쉬 놀다 가련마는

휘엉청 밝은 달에
바람은 쉬지 않고
나그네 옷깃을
자꾸만 자꾸만
흔드는 구려.

*동도 나그네 : 글쎄 내 그림자라고나 할까

가을 하늘

첩첩의 산들은
옹기종기
붙어 앉자
오색의 단풍 옷을
입혀주고
벗겨 주고

넓고 맑은
가을 하늘
섧게도 푸르러
가슴이 시리도록
바라보고 있자 허니

흘러가는
흰 구름이
한가롭기
그지없다.

사는 방식

긍정적 사고는
'다행'이 잦고
부정적 생각은
'불만'이 잦아
'다행'이 잦으면
행복이 되고
'불만'이 잦으면
불행이 되지.

어서 와

임자
저승 구경 간지가
백일이 지났어
이제 그만 돌아와
식구들 안보고 싶어
난 많이많이
보고 싶은데…

여보 어서 와…
응?

그대보다 더

헤어져 돌아서 가는
그대 뒷모습만큼이나
내 외로워질 때면

잘 가라 흔들어주는
그대 손만큼이나
내 쓸쓸해 질 때면

흰 모시 적삼의
하얀 나비 날개로
나-폴 나-폴 날아

바닷가 몽돌 되어
몇 날이고
파도에
씻겨나 볼까

작은 섬 등대 되어
몇 날 밤을
깜박여나 볼까

아님
새의 깃털 되어
밤 낮 없이 하늘을 날아나 볼까…

내 그대보다
더 외롭고
더 쓸쓸해 질 때면.

고마운 일

경칩이 지나서도
못 벗은 내복을
개나리 진달래 피고서야
옷장에 개켜서 넣는다

내년 겨울
다시 입게 될런지는
알 수야 없지마는

수 년 만의 깡 추위를
덕분에 잘 견디었으니
참으로 고맙고 감사한 일이다

한 여름에도
등이 시려
내의를 못 벗는다는
엄마 말씀이
귀에서 짤랑 거린다

돌아보면 모든 게 다
고맙고 감사한 일들이야
그래 그 고마움으로
삼라만상이
머물고
떠나고…

함박눈 사랑

안개 꽃 잎새로

송–이 송–이
행복 담아

난– 분 – 분
난– 분 – 분
내리는 사랑

찰–랑 찰–랑
쌓이는 사랑

당신 곁으로
다가가는 사랑.

부처

깊은 산중
작은 암자
칠흑의 삼경인데
댓바람이 싸리비로
마당을 쓸고 있다.

살며시 창문 열고
얼굴을 내 미니
온 몸이 깃털 되어
하늘로 오르는데
깎아지른 암벽
눈 감은 부처가
떨어지면 지옥 갈라
와락 끌어안는다.

나무석가모니 불.

오늘 저녁은

날도 더운데
오늘 저녁은
솥에 식은 밥 있겠다.
텃밭에서
상추 쑥갓에
실파 좀 솎고
매콤한 고추 몇 개 따서는
폭 익은 날된장에
손이 흠뻑 젖도록
쌈이나 싸야지
반주(飯酒)도 해야지.

어느 대화

"사람들은 우리를
왜 하루살이라고 하지?

그건 사람들 잣대로
보기 때문이야

천년 사는 고목이
볼 때는
사람들도
하루살이야…"

손자마음

초등학교 5학년
수영선수
우리 손자
겨울 방학 때
학원이다 훈련이다
못 오고는

설에
봄 방학이 겹쳐
며칠 다니러 온단다.

신바람 난 할멈이
"우리 성현이 오면
맛있는 거 뭐 해줄까?
생각 좀 해보고
전화할게요."

잠시 후
"할머니
할아버지가
술안주로 제일 좋아하시는 거!"

할멈이
혼자 중얼거린다.
"조 녀석
할멈은
안중에도 없어."

낙엽의 소리

빗소리
창문 여니
낙엽 지는 소리에
오마지 않던 이가
괜시리 기다려져

행여 하는 마음에
밤새 뒤척이다
소쩍새 울음 그쳐
방문 열고
내다보니

처마 끝
눈 섶 달은
실없이 웃고 있고
댓돌 위엔
낙엽들만
소복이 쌓였어라.

더 반가워

제일보고 싶은
손자 하나 때문에
손주들을 모두 불렀는데
좁은 집구석
뛰고 솟고
굿을 해대니
아래층 사람에게
미안해 죽겠어

늙으니 둘이서
조용히 살다보니
떨어져 있다 보면
많이 보고 싶다가도
곁에 와 울고불고
정신이 없어

올 때는
반가웠는데
간다고 하니
더 반가워.

사별(死別)

오늘
가야만 한다고
꼭 떠나야 해

천지 사방
둘러 봐도
오라는 이
가라는 이
아무도 없구만

가는 곳이
어딘지
보도 듣 도
못한 곳을
서두르지 않아도
언젠가는
갈 길 인걸

오늘이 아니면
아니 되는지
사람들은
서둘러
떠나고 있어.

머물고 떠남

오늘 떠난 이별에
너무 슬퍼하지 마세요.
내일 새로운 만남이
기다리고 있으니…

겨울나무

받침목이 없어
너른 하늘이
쏟아질까봐

하늘이 쏟아지면
사람들이
다칠까봐

겨울나무들은
잎새 떨 군 알몸으로
추워라 우- 우-
신음하면서
겨우-내
큰 하늘을
받히고 섰어.

칠반생(七半生)

내야
평생 바라봄도
모자라고
부족해
눈 깜박임 마저
멈추고 있구만

당신은
여기 저기
한 눈 파시느라
정신이 없어

내는
다음 생에서
다시 만날까 해
칠반생을
꿈꾸는데.

하늘

훌훌
벗어버리면

날개 없이도
훨 훨 날을 수 있는 것을

놓지 못하는
집착 때문에
벗지 못하는
무게 때문에

눈이 시리도록
가슴이 저리도록
바라만 봐야 하는.

행복이 물어

뭘 그리 찾겠다고
평생 밖으로만 나도나 몰라
이제나 저제 나
보듬어 줄까해
당신 눈앞에서 알짱대는
나(행복) 어때!

풍경소리

당신은 내게
고맙지 고마워하고

나는 당신에게
아니 내가 더
고맙지 고마워하지

당신은 풍
나는 경

딸-그-랑 딸-랑
찰-그-랑 찰-랑

서로가 서로에게
고마움 전하는

맑고 밝은
풍경소리.

묵정밭

너무 오래
묵혀 둔 밭

풀 뽑고
거름 주어
기름진 터 일궈야지

상추 쑥갓에
고추도 심고
채송화 백일홍에
국화도 심어야지

벌 나비 모여들면
새들도 찾겠지

그곳에 눌러 앉자
나비의 느림도
백일홍의 인내도
국화의 향기도
배워야지

오래 오래 묵혀둔
내 가슴 묵정밭.

누구실까

긴 겨울
죽었지 싶던
빈 가지 가지마다

누가
아가 젖니 같은
연초록 새순들을
움트게 하였을까
꽃망울 몽글 몽글
매달아 놓았을까

누구실까
임자는
소리 소문 없으신데

잎새에 꽃망울만도
고맙고 감사한데
열매가 폭 익으면
누구를 부르지.

때문

자연이
평화로운 것은
평생 한 자리를
지키고 있기 때문이고

사람이
불안한 것은
두 발로 온 천지를
쏘다니기 때문이야.

햇볕 사랑

거실 창으로
고즈넉이
들어와 앉은
겨울 햇살

하도 당량 해
맨 발을
담가보니

따듯하고
포근함이
엄마
품속이다

그러니 이 깊은 겨울
사랑초가 보라색 꽃들을
소복이 피워놓고는
햇살에게 고맙다
방실 방실 웃고들 있지.

어쩌지

단풍이 시작인데
가을비
추-적 추-적

까르르 깔깔
소풍 나온 아기들
자지러지는
웃음소리

에-그-야
단풍들도 못하고
잎새 다
떨구겠다.

제게 오늘

하늘에서까지
보살펴 주시어
오늘을
있게 해주신
어머니

당신의
거룩하신 사랑에
경건한 마음으로
겸허한 깨우침

어제의 미움들이
오늘
용서이게 하소서

그 용서와
사랑으로
평화로운
영혼이게 하소서

하여
그 평화로운
영혼으로
제게 오늘
한편의 시를
읊조리게 하소서.

저절로

해도야
절로 가니
달도야 절로가고

사는 일도
절로 가니
죽는 일도
절로가지

못난 나도
절 로 절로
잘난 너도
절 로 절로

너 절로
나 절로
우리 모두
저절로.

너와 집

온 산들은
단풍으로 불타고
첩첩의 산들로
하늘이 작은
깊은 산골

부엌문에
방문하나인
너와 집 한 채
뒤뜰 감나무
가지 찢게 생겼는데
낮잠 즐기던
흰 강아지
꼬리 흔들며 반긴다.

장독대엔 올망졸망
장 담긴 항아리들
어디선가 술 익는 맛이
혀끝에 감도니

낮술에 취해선지
단풍 결이 더욱 곱다.

어멈 신발

봄 방학에 왔을 때
두 아들은
새 신발을 신었는데
어멈은 몇 년째
저 단화를
신고 왔어

색은 바래 고
옆쪽은 나달나달
곧 터지게 생겼어…

어느 날 백화점에서
신발 할인판매를 해
내 것을 하나 사왔다
집에 오니
어멈 생각이나
다시 가서
어멈 것을 사왔다

이것도
나달나달할 때 까지
몇 년을 신겠지

어미로
산다는 게
다 그런 것인지…

열반(涅槃)

합장한 동자승은
잠이 쏟아지는데
노장의 법문은 길기만하다

눈을 뜨면
천지가
부처 밖의 세상이고
눈을 감으면
삼라만상이
부처 안 우주인 것을
노장은 주장자로
맨 마루만 울려대니

합장한 무게만큼
눈꺼풀도 무거워져

어린 동자승은
그만
잠이 들어 버렸어.

내일은

무사히 잘 보낸
어제는
엄마 사랑이었고

오늘 이리 편함은
임자사랑 때문이야
내일은 누구의 사랑으로
하루를 지내게 될까…

아름다운 모습-(1)

때를 알고
머물 줄도
떠날 줄도 아시는
저 무욕(無慾)의 숲

수백 생生을
거듭하는
방하착(放下着) 경지

우리 또한
그곳에
알록달록
크고 작은
단풍이고
낙엽이었음을

조용히
일러주고
가시는
저 아름다운 모습.

모를 것 같아서

살아평생
해 온 사랑
아직도 몰라

무덤까지
함께 갈까
마음먹었는데
함께는 갈 수 없는
부피 때문에

봉분 앞 상석위에
쌓아 놓고는

무덤 속 창문하나
달아 놓고서

죽어 영혼
그것을 보기로 했습니다.

사랑이 도대체
무슨 색깔인지를
그곳에 가서도
모를 것 같아서.

섬 아낙

바닷물이 드나들다
비워준 자리
바다의 앙금을
지우려다
속살까지
검게 태운
갯벌 위에서

아낙은
무엇을 줍고
무엇을 묻으려

평생을 갯벌 위
업드려 있다.

아낙으로 살아가는
방편이기 보다는
지어미로 남기위한

뭍을 향해 서면
바다가 그립고
바다를 향해서면
뭍이 그리워

갯벌 속 여린 사랑
캐내고 있다.

남은 여생
갯벌 속에 파묻고 있어.

너가 좋아서

기쁘거나
슬프거나
너만 보면
그냥 좋아

말없이
씨-익 웃는
너 가 좋아서
나를 보는
네 눈빛이
하도 맑아서

내 살아
가슴앓이 하지.

이래저래 있는 거야

미움은 버리시라
수시로 생겨나고

사랑은 베푸시라
끊임없이 샘이 솟지

슬픔은 이겨내라
예고 없이 찾아오고

행복은 누리시라
모두에게 나누었어

꼭 있어야 할 것
없어도 될 것들

이 모두가
이래저래 있는 거야.

권태기

올해는 몹시 추워
겨울이 깊다는데
눈이나 엄청나게
내리면 좋겠다.

길이고 집이고
눈 속에 파묻혀
오도 가도 아무 일도
못 하게 시리

평생을 뼈 빠지게
일에 묻혀 사는 내나
반건달로 빈둥대며
놀고먹는 제나
사는 꼴아지
요 꼴이 그 꼴인데

쌀 있고
땔감 있겠다.
처마 밑에 짐승먹이나
넉넉히 널어 주고는
따끈한 구들 위에서
사나흘 원 없이
잠이나 자게 시리.

옹알이

따사한 햇살에
지붕 위 쌓인 눈이

똑- 똑-
낙수 져 내린다.

때가 되면
봄은 오시겠지
암 오고 말고

그러면
함백산 봄꽃들이
나를 반겨
옹알이 하겠지

"지난겨울
잘 견디셨군요!
저도 잘 견디어
이리 꽃을 피웠지요

당신을
꼬-옥
만나보려고요."

산 행

사람 사는 일이란

새벽 산길을 혼자 거니는

그런
상쾌함 입니다.

그런
외로움 입니다.

그런
허허로움 입니다.

너무 짧아

아침에
다녀오겠습니다.
출근하면
밤늦게 서야
돌아오니

얼굴 한 번
더 볼까 싶어
오는 잠
뿌리치고 기다렸는데

"다녀왔습니다. 들어가 잘게요"
너무 짧아

오십년을
눈에 넣고
살아 왔지만…

천국의 아침

밤 새
눈이 내리더니
평화가 내리더니

곰비임비
곰비임비
밤새 눈이 쌓이더니
사랑이 쌓이더니

흰 눈으로 뒤덮인
깨끗한 세상

빈 숲 작은 새들
한가로이 놀고 있다

와—
아름다운
천국의 아침.

봄

겨울이 머물었던
동토(凍土)의 뜨-락에
봄은 소리 소문 없이 찾아와
겨우-내 꼭 닫혀 있던
창문 두드리며
지금 아주
예쁜 짓 하고 있어

얼어 죽었지 싶던 나무 가지며
풀 한 포기 키우지 못할 것 같던
겨울 뜨-락에
봄은 밤사이 가랑비로
겨울 때 말끔히 씻어주고는
아가 젓니 같은 새 순
움틔우고 있지

그리고
그 여린 새순들이
잎새되고 꽃이 되고
낙엽이 되기까지
내 작은 뜨락 지켜주려

봄은
소리 소문 없이 찾아와
창문 두드리며
지금 아주 예쁜 짓 하고 있어.

피붙이 사랑

국가대표를 지내고
대학 졸업을 한 달 앞둔 손자
이런 저런 걱정을 하니
"할아버지 너무 걱정하지 마세요
할아버지 힘들어요."
"그래 알았다
헌데 어쩌니
그게 피붙이 사랑인 걸."

남은 세월

살 만큼 살아
덤으로 받은 세월
자유로운 영혼으로
평화로이 떠돌다 가야지

오늘 하루가
내게 주어진
이승에서의
마지막 날인 것을 명심하고
아주 소중하고 보람되게.

고향

고향마을 작은 동산
언덕에 서면
동구 밖 느티나무
세월에 지쳐있고
이사 안 한
까치집 둥지 뒤로
코 흘리게 파란하늘
그대로 인데

초가지붕 돌담 집은
아파트로 변하고
버들치 잡던 개울은
시멘트로 덥여졌다

무엇을 하다
이제사 왔니
겨울바람 귓전에서
자꾸 되묻는데

고향을 하나 둘
떠나가서는
낯 익은 얼굴 없는
텅 빈 마을에
강아지 몇 마리
겨울 하늘을 향해
낯 설다
컹-
컹-
짖어대고 있어.

내 안에 있음인데

평생을 나다니시다
엊그제 오시고는
오늘 또 가신다구요

가시고 싶으면
마음 편히 가세요

가시다 힘드시면
쉬엄쉬엄 가시구요
쉬다 가다 힘드시면
지팡이를 짚으세요

지팡이도 힘드시면
다시 돌아오세요.

너른 세상 어딜 가나
사람 사는 세상
마음 한 곳 붙이면
육신 편히 쉴 곳 인데
무엇을 찾으시려
애쓰며 다니세요.

찾으려 하시는 그 것
내 안에 있음인데

당신 이제
떠날 곳을 찾지 말고
머물 곳을 찾으세요.

입동절(立冬節)

머리털이 쏘-옥 빠질 것 같던
불볕더위도
절기 따라 슬그머니 물러가시고

아침저녁 쌀쌀한
늦가을로 접어드니
푸르던 잎새들은
형형색색 단풍으로
오색찬연 하드니 만

누가 떠나라 했는지
입동 되자 단풍비로
쏟아져 내리고
내리는 만큼씩
나무는 야위고
야위는 만큼씩
겨울은 깊어간다.

가지에서 땅
이승과 저승의 거리를
바람 한 점 없이도
툭 툭 떨어져
홀연히 떠나감이
가지와 잎새에겐
아픔일까
평화일까…
살붙이 잎새들을
모두 보내고 나면
나무들은 겨울나기에
더욱 수척해지겠지

단풍으로 일어서서
낙엽으로 털고 가는
짧은 시절.

겨울 잎새

다들 떠나갈 때
가지 못하고
서리 묻은
가지 끝에
혼자 남아서

겨우-내
겨우-내
흔들리다가
봄이 온 다
새 순 돋으면
어찌 할 거니

겨울이야
빈자리니
그렇다 하지만…

나무들은

나무들이
언제
꽃 피운다 호들갑 떨디
잎새 떨 군다
하소연 해
가지들이
어디 자리 다 툼 하디

나무야
오는 바람 마다 않고
가는 햇살 붙잡지 않아

한 자리에 머물면서도
다리 달린
짐승들도 못하는 일들
묵묵히 다 해내고 있지

덩굴줄기가 자신을
감싸고 올라도
꾸짖기는커녕
제 살을 깎아
그 흔적을 남겨주지.

기침 소리

풍경도 누워 잠든
칠흑의 삼경에

건너 채 아버님 잔기침 소리가
오늘 밤 유독
예사롭지 않아

구만리 저승길이
대문 밖에 놓여 있고
구천의 사자들이
방문 앞서 서성이니

저 잔기침 소리가
이승의 마지막
신음소리 될 것 같아

먼저 가신 어머님을
애처롭게 찾고 있어

아흔 두해 아버님
잔기침 소리가

오늘 밤 유독
예사롭지 않은 것은…

우리 알고 있지

우리네 인생살이란
마음먹기에 따라
행복도 하고 불행도 하듯

죽음 또한
받아들이기에 따라
천국도 되고 지옥도 되지

우리 모두 알고 있느니
왔으면 가야하는 생자필멸(生者必滅)의 섭리를

무병장수도 지대한 관심사 이지만
그보다 먼저
사람답게 살다 가야 한다는 것도…

그래 우리 떠나는 일도
'하필이면 왜 내 차례야'가 아니고
'앞서거니 뒤서거니
모두가 떠나는 거
나도야 간다'지

그래
누군가 귀뜸 했겠지
머물고 떠남에
연연하지 말라고.

열심히 사랑해야

무엇을 소유하고
무엇을 잃었다 하는가

살아오면서 접했던
모든 것들은
스쳐 지나는
한 점 바람인 것을
소유하려 애쓴 어리석음으로
풀벌레 울음소리에도
가슴 아파해야 했다.

우리네 인생이란
태어날 때는
꽤나 긴 것도 같았는데
봄 가을을
일흔 번도 못 본 듯한데
하나 둘 떠나는
이웃들을 보면서
자신도 떠남을
준비해야 하건만

오늘 내일 설마하니
그리 미루다
갑작스레 명부에서
부르게 되면
사랑하던 사람들과
작별인사도
변변히 나누지 못하고

주머니도 없는
삼베 옷 한 벌에

쌀 세 수저를
삼만 석이라하고
동전 세 닢을
삼만 량이라 하여
그것을 저승 가는
여비로 하고는
훌 훌 단신 그렇게
떠나는 것을

한 백년도 살지 못하면서
좋은 이웃들을
하찮은 일로 미워했기
미움받이 된 것에…

이제 미워했던 부피만큼이라도
살아 있는 한
열심이 열심히 사랑해야 하겠다.

그 모든 이웃들은
내 식솔들만큼이나 소중한 것들
그 이웃들의 소중함이 전제되어야
내 가족들의 소중함도
유예 되여 지는 것

이승을 떠나
저승이라는 낯선 곳에서의
긴-여행을 위해서라도
살아 있는 한
열심이 열심히
사랑해야 하겠다.

엄마 생각

오늘같이 추운 밤
엄마는 얼마나 추워하실까

삼베 옷 한 벌 입으시고
맨 땅에 누우셔서
추우니 춥다 하 시리
더우니 덥다 하 시리

경기도 파주 야동리
이십여 년을
'밀양 박씨 율분의 묘'
비석하나 세워놓고
허리도 아프시고
다리도 아프시고
팔남매 어찌 사나
궁금도 하실텐데…

다행히 곁에 형님이 계시니
두 분은 두런두런
말동무가 되셨겠지
어머님은 살아생전
따뜻했던 사랑을
다시 베푸시고
형님은 그 사랑 속에서
늘 지내시겠지

나도 이곳을 떠나게 되면
엄마를 만날 수 있을까…

천지가 얼어붙은 이 겨울밤
추위에 꽁꽁 언
엄마의 손을
내 두 손으로 꼬-옥 감싸서는
나의 볼에 비벼보고 싶다.

아름다운 일

어느 날 문득
쳐다본 하늘가에
어떤 보고픔이나
그리움이
있다는 것이
얼마나 소중하고
아름다운 일이야

그것이
해지는 강가
갈대숲의
외로움이면 어떻고
할미꽃의
기다림이면 어떠하리

마주 보고 선
은행나무가
닿을 수 없는
거리를 원망하지 않고
그리 열매를 맺듯이

강가의 미루나무가
강 건너 미루나무를
수백 년 마주 보고도
그리 보고 있듯이…

어느 날
문득 쳐다본 하늘가에
어떤 보고픔이나
그리움이 있다는 것이
얼마나 소중하고
아름다운 일이야.

시장 사람들

한 겨울 장터
시장 사람들은
새벽 장사 끝머리
허기와 추위를
배추 국에
막걸리로 달래고서는
모닥불 곁으로
옹기종기 모여 선다.

웃음 띤 얼굴은
장사가 좀 된 사람이고
장사 안 된 사람은 땡감 씹은 얼굴이다.

불을 향해 서면
등짝이 시리고
등을 대고 서면
얼굴이 시려와…
내일 새벽 장사를
걱정하게 된다.

아무 것도 없어

빈 걸망 하나도
버거운 삶인데
너무도 많은 것을
채우려 해서 일까…

하루도 거르지 않고
보고 듣고 살았는데
무엇을 보고 듣고 살았는지 모르겠고

평생을 주고받고
계산하며 살았는데
무엇을 계산하며
살았는지를 몰라

떠날 때
가지고 갈까 하니
갖고 갈 것이 없고
버리고 가자하니
버릴 것도 없어.

눈물이 짜다

깡마른 겨울
추위도 깊어
방 안에 성애가
꽃을 피우니
구천 하늘 엄마는
알 고드름 되셨겠다.

해도 짧은 오후나절
문창호지에 얼굴 디 민
겨울 햇살에
한가한 발목
살며시 담가보니
따사로움이 엄마 품속이다

차가운 바람이
문풍지서 윙윙대니
엄마 보고 싶어
눈시울이 뜨거운데
불효한 탓일까
눈물이 짭다

오늘 밤 이불 덮어쓰고
엉엉 울어야지

엄마 보고 싶다
소리 내서 울어야지.

행복

하늘에서 내려오면 제일 가까운 곳
산 1번지 판자촌 월세 방
노을이 지고 어둠이 내리면
젊은 아낙은
아가를 재우고
한 개 십 원짜리
구슬을 꿴다

하루 일을 끝내고
막걸리 통 들고 들어선 아빠와
뚝배기 된장찌개 마주하고는
두런두런 밥 안주에
막걸리 통이 비워지면
불그레한 취기에
포만의 행복을 느끼는…

해가 지자
서둘러 저녁을 준비한 아낙은
기저귀를 개키고
구슬을 꿰며
아빠 발자국 소리에
귀 기울이고 있다.

무위자연(無爲自然)

계곡에 바위가
층층이 쌓였어도

틈새를 찾아 돌아
물은 흐르고

숲들이 무성하게
산을 덮어도

비바람 불고
햇살 스미니

꽃은 피고
새들은 노래하네.

변함없는 사랑

지구별이
태어나면서
억겁의 세월

햇살도 비바람도
변함없는 사랑이고

별빛도
달빛도
변함없는 사랑이야

그 사랑으로
세상 만물이
잠들고
깨어나고

머물고
떠나고…

저 사랑
우리 한 옹큼씩
나누어 주시면
안 될까.

장애인

보도 듣도
못하는 사람들도
세상 아름다운 것
다 느끼며 사는데

눈 귀 멀쩡한 내는
세상 추한 것만 보이니

나는 장애인
중증(重症) 장애인.

나무는

봄 여름 가을 겨울
잎새 틔우고
꽃 피우시며
사람 사는 세상
풍요롭게 하시더니만

때가 되셨는지
예쁘게 단풍 들여
낙엽으로 보내시는 구려…

이 겨울이 지나고 나면
나무는 다시
잎새 틔우고
꽃을 피우시겠지
봄은 다시 오시겠지.

흔적

꼭 한번 뿐인
이 한 세상

서둘러 훌훌 털고
떠나버린다는 일이
참으로 어렵고
힘든 일인데

그리 재촉하지 않아도
언젠가는 갈 길인데
왜 그리 서둘러
가야만 했을까…

떠나고 나니
뭉게구름 떠 있다
흩어 진 자리

옷 깃 스친
한 점 바람…

행복 나무

행복이란
모든 이의 가슴에
숨겨진 씨앗

지혜로운 깨우침으로
찾아내야 하는 것

가슴 속 토양에서
싹트게 하는 것

확신이란 양분으로
열매 맺게 하는 것

주렁주렁
토실토실

행복이란 씨앗
행복이란 열매.

게의 임종

태어나면서
너른 바다 밑을
자유로이 노닐다

어느 날 그물에 잡혀
낯선 포구로 와
안테나 눈을
길게 빼서
주위를 살펴보니

아–이–고
내 살 곳이 아니구나 싶어
죽임을 예감 했겠지

그래 집게발로는
살아 온 세월을 헤아리고

입가엔
거–푸
거–푸
허무를 뱉고 있어.

생채기

일 년에 한 두 번 씩
엄마는 화덕에 불을 피워놓고
고기를 구우신다.

우리 팔남매는
접시 하나씩 들고
나이순으로 서서
익은 고기 한 점 씩 받고는
다시 줄 서기를 반복한다.

고기는 더디 익고
줄은 길기만 하니
입 속 고기를
빨아가며
차례를 기다렸지

팔남매 중 일곱째인 나는
뒤에는 막내 남동생
앞에는 두 살 위인 셋째 누나
그 곳이 내 자리인데
누나 앞을 새치기 하려다
누이의 손톱에
얼굴을 할퀴어 생긴 생채기

나이 육십이 지나서도
그 생채기가 몇 군데 남아 있는 듯하다.

헌데 생채기가
지워지지 않고
오래 오래 남아 있으면 싶다

부모님과 형들은
한 분 두 분 떠나시고
누이 셋에 막내 동생은
미국서 이민 살고
나도 떠날 날이 가까워지고…

거울 앞에서
그 생채기를 볼 때마다
안개처럼 피워 오르는
어린 시절
가족들의 아련한 추억들…
부모 형제들이
울컥 울컥 보고 싶어진다.

보고 싶어
울컥 이는 마음이라도
오래 오래 간직하고 싶어서다.

부부

남남이 부부되자
둘의 만남이었지

수십 년을 함께 살면서
자신은 하나 되자
노력은 안고
상대만 하나 되길
기대 했었지

그래
부부인지
웬수인지
많이도 속상했지

그런 어느 날
나를 몽땅 그에게 내주고는
이제 우린 하나야 마음 다지니
그도 이미 내게로 와
우리 하나였던 것을…

부부일까
웬수 일까
어리석고 아둔해서
오랜 세월
공연히
마음 고생했던 것을.

산사에서

산도 길도 먼
첩첩산중 작은 암자

하늘에 별들이 총총히 내려와
화엄등불로 선 정토도량

인적은 적적한데
소신공양 하시는가
법당 앞 섬돌 위
오롯이 놓인
고무신 한 켤레

처마 끝선
속세를 향한 작은 물고기
청정 울음 울어

달빛에 젖은 소나무 숲
이슬 머금는 소리에
뜰 앞 단풍나무
잎새 떨군다.

소리 없이
머무는 것들
떠나는 것들…

그런 사이

우리는
내가 있으매
당신도 있음이 아니라

당신이 있으매
나도 있음입니다.

그래
둘이 있어야
하나도 있음
하나가 없으면
둘 다 없음

우리 사이
그런 사이.

좋은 사이

남남이 부부되어
금실 좋게 사는 법

무조건 당신 먼저
나는 그 다음
딸–랑 딸–랑

양보하는 지혜가
다툼 없는 사이

순위가 정해지면
기막히게 좋은 사이.

빗 수 인생

우리 사는 일이
공격하고 방어하고
쫓고 쫓기고
잡고 잡히고
깔고 깔리고…

끝내는
궁 혼자 달랑 남게 되는
승자도 패자도 없는
장기판의
빗 수 인생.

즉심시불(卽心是佛)

보이는 가
들리는 가

삼라만상(森羅萬象)이
모두 법상(法象)이요
삼라만성(聲)이
모두 법음(法音)인 것을

참선(參禪) 좀 하면
한 소식 한다고 해
선승(禪僧)의 그림자
몰래 훔쳐 밟고 나서
눈을 떠 보니

오-메
세상은 깜깜한 게
아무것도 없는구려.

엄마 사랑

끝없이 너른 쪽 빛 하늘
한가로이 떠있는 조각구름

언제 봐도
티 없이 맑은 평화로움

엄마는 하늘
나는 구름
우리 사랑
엄마 사랑.

순대국

비는 주룩 주룩
시장기로 배가 출출할 때

재래시장 좌판에 앉자
빗소리 들으며
순대국에 막걸리 한잔
하– 이 기막힌 맛을

아는 사람이나 알겠지…

홍시

서리 묻은 앙상한
감나무 가지 끝에
홍시 몇 개
겨우-내 매달려 있다

기력이 쇄진하여
잎새마져 떨구어 버린
빈 가지 끝에
홍시는 어쩌자고
매달려 있는 것일까

겨울이 깊어 가면
깊어 갈수록
무르익다 무르익어
농익어서는
입김만 닿아도
툭- 터져 버릴 것이

눈보라 서릿바람에도
아랑곳 하지 않고
잎새 떨군 앙상한
감나무 가지 끝에
홍시 몇 개
겨우-내
매달려 있어.

변덕 사랑

안에서고
밖에서고
복장 터지는 일만
골라서 하는 꼴아지가
내게서 이미 멀어진 사람인데

요놈의 마음 나도 몰라

어제의 미움이
오늘은 측은함이 되고
오늘의 측은함이
내일은 덧정이 되니…

이 죽 끓는 변덕이
내 미쳐도 크게 미쳤나봐

사랑아
이제 그만
떠날 갈 수 없겠니
나 지금 너무 힘들어
나 지금 많이 아파.

엄마는 웃어

암 으로
시한부 생명인
열 살 된 아들

곁에서 엄마가
눈물을 흘리니

“엄마 왜 울어
어디 아파?
엄마 것 까지
내가 다 아플 테니
엄마는 웃어!”

나 떠난 뒤

내
세상 떠난 뒤
생각나시거든

밤 하늘 별들을
헤어보시게
내 반짝이는
별의 영혼으로
하늘에 떠서
줄곧 당신을
바라보고
있을 테니

그럼 우리
이승과 저승에서
눈 맞춤해가며
지구별에서
함께 즐거웠던
세월들을 추억하는
반추(反芻)의 생을
다시 한 번 살아보는 게야…

살아서도
죽어서도
눈 속에 있는
끔찍한 내 사람아.

마음 아픈 일

부엌에 쥐들이
극성을 부려
끈끈이를 놓았다가
애꿎은 참새 한 마리를
죽게 하였다

미안한 마음에
장독대 위 좁쌀을
쟁반 가득 널어 주었는데
여느 때 같으면
이삼일이 안 가드니
몇 날이 지나도
그대로 있어

집 근처 새들에겐
벌써 소문이 났나봐
저 집에 들어가면
죽게 된다고
저 먹이가
죽음의 덫이라고

얼마나 우리 집을
저주하고 있을까…

언젠가는
눈도 못 뜬 어린 쥐가
어미 찾아 나왔다가
끈끈이에 붙어
마음 아프게 하더니만.

열대어

우리 집 어항 속엔
열대어가 살고 있다.

멸치만한 것들이
붉은색 검정색 옷들을 입고는

아침에 불을 켜면
먹이 주는 것 알고
저녁에 불을 끄면
잠자는 것 알아

온도 유지 산소와 먹이 공급

그들은 사계절을 모르고
지느러미 흔들며
물레방아 수초사이로
평화롭게 살고 있다

어느 날 정전(停電) 되면
모두 죽는다는 걸
그들은 까맣게 모르고들 있다.

행복한 일

미워하다 죽는 일
죽어서도 미움 받는 일

사랑하다 죽는 일
죽어서도 사랑 받는 일

아니 그 사랑의 힘으로
다시 태어나는 일

사랑한다는 일
살아서도 죽어서도
행복한 일.

할머니 유언

할머니 가게가 이 자리세요.
“자리는 무슨 자리
아무대고 앉으면 내 자리지
한 십오년 됐어
딴 사람은 못하게 해
늙은이 불쌍타고
뭐라는 이 없어”

철따라 나온
만물들을
서너 소쿠리에 담아
시장 바닥에 널어놓은
아흔의 시장 할머니

“내 아들 하나 있는데
며느리하고 안 맞아
그래 혼자 이리 살아보니
참으로 편해
죽는 날 까지 이리 살 거야
장례비도 마련해서
안방 반장한데 맡기고
화장해서
뒷산에 뿌려달라고 유언 두 해놨어!

내는 이리 살 거야
그래 개네두 편구
나도 편구
서로가 서로가 편해…”

친구 있어

생각만 해도
그냥 좋아
잔잔한 행복에
포-옥 젖어들게 되는

이승의 만남이
너무 짧아
저 세상에서
다시 꼭 만나게 되길
간절히 기원하는…

한 번 다녀가는
지구별에
내 그런 친구 있어.

사소한 일상

어제는
피붙이 같은
아우들 만나
즐거웠고

오늘은
보고 싶은
손자들이 와
행복 했지

내일은
서너 시간 기차타고
육십 년 지기
동창들 만날 생각에
밤이 너무
길고 길어…

이어지는
사소한 일상들
내게 안겨주는
즐거움과 행복
그리고
설레는 기다림.

봉숭아꽃 물들이다

깊어진 한 여름
활짝 핀 봉숭아 꽃 잎으로
집사람 손톱에 물들여준다.

백반과 꽃 잎새를 빻아
손 톱 위에 올리고
렙으로 싸서 무명실로 묶어준다.

해마다 봉숭아꽃이 필 때면
물들여 달라며
어린아이처럼 손을 내민다.

매니큐어도 많은데
봉숭아 색이 예뻐서 인지
아님 해마다 물들여 주는
서방님의 마음을 느끼려 함인지…

"누가 먼저 떠나고 나서
봉숭아꽃을 보게 되면 많이도 생각나겠다."
물들여 줄 때마다 하는 소리인데도
눈시울이 뜨거워진다.

물 들여 주다 보니
내 손끝에도 물들여졌다
지우지 말고
물들은 손을 보며
그 사람 마음이라도 헤아려 줘야지…

오늘 한 번 더 들여 주면
내 손도 붉게 흠뻑
물들여 지겠다.

자신의 몫

함께 사는 세상
양보하고
나누며는
풍요로운
삶이 되고

잇속만
챙기려 하면
살벌한 생이 되지

풍요로운 삶은
즐거움이 잦고
살벌한 생은
불만이 잦아…

삶이란
자신의 지혜로움으로
스스로 복을
누리는 것
다스리는 것.

이별이 두려운 것은

내 이별이 두려운 것은
헤어져야 하는 아픔보다는
보내고 난 뒤
어쩌지 못하는 그리운 때문입니다.

백일이나 꽃망울을 피워놓고
기다림에 지쳐 일년초가 되어버린
백일홍의 기다림만큼이나

평생을 쳐다보다
까맣게 영근 한을
가슴 가득 묻어두고 고개 떨 군
해바라기의 그리움만큼이나

내 이별이 두려운 것은
보내야 하는 아쉬움보다는

보내고 난 뒤 어쩌지 못하는
그리움 때문입니다.

세월만 탓하지

사람들은
세월이
빠르다고 하지
나이 들면서는
더 더욱
빠르다고들 하지

평생 앞만 보고
쫓기 듯 쫓는 듯 살아온
자신의 생이
빠르기만 했던 것은
까맣게들 잊고서는…

사람들은 공연히
세월만 탓하지.

그 햇살에 그 바람인걸

어제는 한 줌 햇살에
꽃망울 피우더니

오늘 한 점 바람에
잎새 떨구시는구려

어제고 오늘이고
억겁의 세월
변함없는
그 햇살에
그 바람인데

왜들 서둘러
오고 가고
해야만 하는지…

어제 떠난 빈자리에
누군가 두런대며
자리 잡는다.

쪽빛 하늘

파란 쪽빛 하늘
목이 아프도록
왼 종일 바라보고 있다 보니

쪽빛 하늘
내 눈에 들어와 앉아
온 몸이 쪽빛으로
온통 물들었어.

무덤

솔 나무 숲 속
작은 무덤 하나

세월에 씻겨
잔디는 백발이고
비문은 바랬어

어찌 살다 간
누구실까…

육신은 이승
영혼은 저승
뭔 근심이 있겠서
아픔이 있겠어

구름 같은
편안함이
솔바람에
젖는구려.

소낙비

얼마나 뜨거웠을까
얼마나 목이 탓을까

쫘 – 악 – 쫙 쫘 – 악 – 쫙
거센 장대비에
얼마나 시원한지
잎새들이
조금도 흔들림 없이
비를 홈빡
맞고들 있다.

숲들의 시원한 신음소리가
계곡마다 물안개로
피어오른다.

거센 빗방울에
풀벌레들
잎새 뒤로
숨었으니
바람만 자면 야
참으로 좋겠다.

달팽이

모든 걸
다 짊어지고 사는
달팽이를 볼 때마다
내 사는 모습 같아서
안쓰러웠지

헌데
훗날 알게 된 일이야

달팽이에게
그것은 짐이 아니라
희망이라는 것을…

바람

오늘 머물던 곳 떠나
내 바람 되면
내일 어느 곳에
무엇으로
머물게 될까요.

심술 식탐에 변덕까지
흔들비쭉이로
살아온 탓에
검정 리본에
사진 한 장 남기고
내 이승을 떠나게 되면
살아 눈 맞춤 했던
이웃들 가슴에
나는 어떤 모습으로
기억될까요.

오늘
머물던 곳 떠나
내 바람 되면
내일 어느 곳에
무엇으로
머물게 될까요.

딸과 손자들에게

내 너희들에게
별로 한 것이 없는데

너희들의
그 극진한 효심에
내 생이
즐겁고 행복했단다.
고맙다. 고마워

이승이든 저승이든
그 고마움
내 꼭 잊지 않으마.

들 꽃

밤새 내린 비바람에
여린 꽃잎새들
얼마나 졌을까

콧숨 죽여
얼며 절며 봐도
삼십여 일 시절인 걸

들 꽃님 네들
'꽃샘 심술도 대단하다'
그리 생각 하시게나

자네들은
내년 봄이
있지 않으신가

머리 허연
이 늙은이야
내년에
다시 만나게 될는지는
알 듯 모를 듯
그러하니
그러 해서.

동안거

동안거(冬安居) 백일
무슨 수행 하셨을까?

누더기 두루마기
검정 털신에 걸망 메고
산문(山門)밖을 나서는데 보니

오메
몸은 행운유수(行雲流水)요
마음은 광풍제월(光風霽月)이야.

아가들아

아가들아!
요 따스한 봄볕
많이많이 맞으시렴.

겨우내 언 땅에서
죽은 목숨 되었다가
따스한 봄 햇살로
잎새 내밀고 꽃망울 피우는
들꽃들의 예쁜 모습
자세이들 보시게 나

저 고운 햇살로
아름답게 가꾸어지는 이 세상을
맑은 눈과
따뜻한 가슴에
곱게 곱게 간직 하시게나
따스한 봄 볕 많이많이 받아서
들꽃처럼
예쁘게 예쁘게
자라 주시렴.

제가 지금 행복해 하는 까닭은

지구 별 어딘가에
당신이 살아 계시다는 것만으로도
제겐 희망이고
행복입니다.

당신이 살아 계심에
저도 살아 있음이며
만날지도 모른다는
그 기대감이
저를 행복으로 충만케함입니다.

만나는 날이 언제이건 간에
몇 번을
다시 태어나도
지치지 않을 저의 인내를
저는 믿고 있음이며
어떤 유혹에도
눈 돌림 없을 것을
저 자신을 신뢰하고 있음입니다.

제가 지금
행복해 하는 까닭은.

두 몸 되라 하네

둘이 만나 살 섞으며
한 몸으로 살았는데
아주 아주 늦게 서야
두 몸 되라하네

한 몸은 떠나고
한 몸은 남으라 하네

두 몸이 함께는
갈 수 없다 하네

미리 미리 둘 되라
눈짓도 없이
떠나는 곳이
어디 멘지
귀 뜸도 없이

준비 안 된 이별만
재촉을 하네
오십년 된 한 몸을
두 몸 되라 하네.

영취산 철쭉

영취산 철쭉이
하도 고와

고은님 가슴을
철쭉 속에 묻어서는

몇 해이고 곰삭도록
묵혔다가는

선유담 기슭에
배띠우 며는
세월도 놓아버린
무아경 속에서

임의 가슴 철쭉 속에
얼굴 파묻고는

남은 세월 남은 생
내 술을 마시리
노래를 부르리.

당신 안녕

음풍영월하며
세월 가는 줄 모르고 살다가

이제
단풍이 흠뻑 들어
낙엽 될 시절 이래
저녁노을
붉게 물든
일몰의 시간 이래

돌이켜 보면
내 생이
그래도 행복했던 것은
평생 곁을 지켜준
임자 덕분이고
아낌없이 베풀어준
당신 사랑 때문이지

우리 언제고
영원한 작별의 시간이 오게 되면
그때
내 당신에게
꼭 전할 말 있었지

평생 가슴에
간직해 왔던 말 있어

여보! 당신 덕분에
평생
시를 쓰며
내 생이
참으로 평화롭고 행복했어
정말 고맙고 고마웠소!
내 이승이고
저승이고
꼭 잊지 않을게
잘 가 여보

당신 안녕!

꿈꾸는 영혼

우리 평생 이루기를 갈망하며
분수로운 꿈 하나씩 간직하고 살아왔지

헌데 많이 사람들이
나이 들고 늙으면서
그 꿈을 포기하거나 접고들 있어

그런데
그 꿈을 절대 포기하지 말아야 한다는 거 알아?

살아서 이루지 못한 꿈은
이룰 수가 없어서가 아니라
아직 때가 아니어서래

그래 이승에서 못 이루면
저승에서는 꼭 이루게 된다는군
그러니 꿈을 접는다는 것은
삶을 포기하는 것이야

그래 영원히 살 것 같이
꿈을 간직하고

내일 죽을 것 같이
오늘을 살아…
알겠지.

내 술을 즐기는 것은

제가 술을 즐기는 까닭은
취기로 객기를 부리려 함이 아니고
술기운을 조화롭게 조절만 하며는

진솔해진 가슴으로
내 일상의 가식들을
꾸짖고 뉘우치고

이웃들의 작은 일에도
함께 웃고
함께 울고

싫고 미웠던 모든 것들이
그들이 아니라
자신의 미움과 변덕 때문이라는
자괴(自塊)의 눈물이
있기 때문이기도 합니다.

제가 술을 즐겨하는 까닭은.

한 눈 팔지 마

또 넘어졌어?
그래 두리번거리며
한 눈 팔지 말고
내딛는 발밑이나
잘 살피라고 했잖아!

우리 생은
큰 바위가 아니라
작은 돌부리에 걸려
넘어지는 법이야

갈 길이 구만리인데
발밑이라도
잘 살피면서 가야해
꼭 명심해.

사랑이란

사랑이란

아가에게 젖을 물린
엄마의 마음 같은 것
아가의 마음 같은 것

젖을 물렸는지
젖을 먹고 있는지를
서로가 까맣게 잊고 있는…
그런 평화로움입니다.
그런 아름다움입니다.

아름다운 모습-(2)

세상에서
가장 으뜸인 미덕
겸손함과 겸허함

참 아름다운 모습
참 사람의 모습.

생태 탕

생태 한 마리로
탕을 끓였는데
생선 토막은 서로 먹으라
밀어 놓고
국물만 먹다보니

냄비 바닥에
생태 세 토막이
달랑 남았다

저녁에 재탕을 해
두 끼를 먹는데

생태 탕인지
눈물 탕인지
맛이 묘해.

장대비

그림자도 없는
보고픔
만날 길 없어
다독이고
보듬기엔
너무도 벅차

숯 검뎅이 가슴을
풀어 헤쳐서
너른 하늘 곳곳에
촘촘히 뿌려

먹구름에
소낙비구름
만들어지면

보고픈 이 가슴에
장대비로
쫘–악 쫘–악
쏟아져나 볼까.

사랑은

사랑이란

부어도 부어도
넘칠 줄 모르는
그런 갈증 같은 것.

받아 도 받아도
포만감을
모르는
그런 허기짐 같은 것.

주는 사랑은 크기만 하고
받는 사랑은 작기만 한
그런 치매 끼 같은 것.

그렇다고
달아 볼 저울이 있나
안아 볼 부피가 있어…

믿으면 보약
의심하면 사약
신뢰하면 행복
확인하면 불행

하여 사랑은
확인이 아니라
확신이어야 합니다.

마지막 할 일

내 이승을
떠날 때가
됐다 싶으면
높은 곳에 올라
하늘을 향해
크게 엄마를 불러야지

“엄마
나 일곱째 한경이 예요.
이삼일 안으로
엄마 곁으로 갈 테니
저승 입구로
마중 나오세요
알았지 엄마!”

그래야 엄마를
빨리 만날 수 있겠지…

사람으로 산다는 일

사람으로 산다는 일
견딤
그리고 애씀.

자랑해야지

“할머니
할아버지 사진 얼굴에
왜 저리 검정이야

응 그거
지금 방에 피우고 있는 탄을
저 깊은 땅 속에서
캐내다가 얼굴에 묻어 검은 거야
그래 사람들이
할아버지를
산업전사라고 한단다.

그래
내 학교 가 자랑해야지
우리 할아버지가
훌륭한 산업 전사였다고…”

엄마는

생각만 해도
자꾸 자꾸
보고 싶고
자꾸 자꾸
눈물 난다.

엄마는
내 눈물샘에
들어 앉아 있나봐

내 심장에게

어제 떠난 사람들이
많기도 한데

내 이 아침을
맞이하여
아름다운 세상
보고 듣고 느낄 수 있게

칠십년의 세월
멈추지 않고
콩닥 여 주는
내 작은 심장에게
고맙고 감사한 마음
너무 너무 고마운 마음…

너와 나

너와 내가
하나 될 수 없는 것은
나는 나
너는 너
이기 때문

너와 내가
하나 될 수 있는 것은

너도 나
나도 너이기 때문.

다시 태어나고 싶다

당신의
맑은 영혼으로
다시 태어나고 싶다.

삼백 예순 날
손깍지 끼고 있어도
손이 부르트지 않고
눈 맞춤하고 있어도
눈이 짓무르지 않는

곁에 있기만 해도
구름 같은 평화로움…

당신의 그 해맑은 눈에
내 온몸을 씻고
당신의 따듯한 가슴에
내 심신을 담가
당신의 해맑은 영혼으로
다시 태어나고 싶다.

그래
그 맑은 영혼으로
남은 세월
시를 읊조리고 싶다
술을 마시고 싶다.

어찌 살지

부부의 연으로
알콩달콩 오십 해를
함께 살아오다
누군가가 먼저 떠나게 되면

그 땐 그 허전함
어찌 달래며 살지
그 그리움
어찌 보듬고 살아

떠난 사람이야
가뭇없다마는
남아 있는 사람이야
떠난 사람이
잘 해준 것만 기억에 남고
못 해 준 것만 가슴에 쌓인다는데

그 여한
어찌 달래며 살아…

내 영혼의 소리

지구별에 태어나
팔십의 세월
참으로 즐겁고 행복했으니
내 이곳을 떠나
어느 별나라에
다시 태어나게 되면
내 즐겁고 행복했던
지구별 시절을 노래하노니

별들이 총총한 밤
귀를 쫑긋 세우고
밤하늘 별들을 오래 오래 보시게
노래 소리 들리느니

지구별에서 즐겁고 행복했던
내 팔십 생의
맑은 영혼의
노래 소리를…

늦게 서야

채우려 안달했던
욕심 버리고

이제 담겨져 있는 것들 마져
다 비우고
떠나야 할
때임을 알게 되니
빈 그릇의
평화로운 영혼을
조금씩 조금 씩 누리게 되더군요.

그리고 평생 간직해 온 그 그릇이
채우기 위한 것이 아니라
비워두기 위한 것임도 깨닫게 되었지요.

늦게 서야
아주 아 주 늦게 서야
그 비움의 평화로움…

김한경 시인의

행복만들기 - 둘

판 권
소 유

2019년 3월 인쇄 및 발행

펴 낸 이 : 김 한 경

펴 낸 곳 : 도서출판 우정디앤피

출판등록 : 2007년 7월 4일

편집디자인 : ㈜우정디앤피

| **주소** | [04622] 서울시 중구 필동로1길 14-6

| **TEL** | 02-2274-4009　　| **FAX** | 02-2264-4010

| **이메일** | woojpc@chol.com　　| **webhard** | ID.woojpc / PW.1234

ISBN 978-89-959923-4-0 (03800)　　| **정 가** | 15,000원

ⓒ 본 책의 어느 부분도 발행인의 승인 없이 무단복제시는 저작권법에 위배됩니다.

※ 파본은 본사나 구입하신 서점에서 교환해 드립니다.

※ 저자와의 협의 하에 인지 생략